AF396143

# PREMIERS ÉLÉMENTS

## DE

## COSMOGRAPHIE, D'ASTRONOMIE,

## DE PHYSIQUE, DE MÉTÉOROLOGIE

## D'HISTOIRE NATURELLE.

# PREMIERS ÉLÉMENTS

DE

## COSMOGRAPHIE, D'ASTRONOMIE, DE PHYSIQUE, DE MÉTÉOROLOGIE, D'HISTOIRE NATURELLE.

AVIGNON

AUBANEL FRÈRES, ÉDITEURS

IMP. DE N. S. LE PAPE ET DE MGR L'ARCHEVÊQUE

Place St-Pierre, 9.

# PREMIERS ÉLÉMENTS

## DE

## COSMOGRAPHIE, D'ASTRONOMIE, DE PHYSIQUE, DE MÉTÉOROLOGIE, D'HISTOIRE NATURELLE.

# CHAPITRE I<sup>er</sup>

# COSMOGRAPHIE, ASTRONOMIE

DEMANDE. Qu'est-ce que la Cosmographie ?
RÉPONSE. C'est la description du monde pris en général.

D. Qu'entendez-vous par le monde ou l'univers ?

R. Le ciel, la terre, et tout ce qu'ils renferment.

*D.* Comment appelle-t-on la science qui a pour objet la connaissance du ciel?

*R.* On appelle cette science l'*Astronomie.*

*D.* Comment nommez-vous la science qui traite de la connaissance de la terre?

*R.* La *Géographie.*

*D.* De quelle utilité est l'Astronomie?

*R.* Elle nous donne la connaissance des corps célestes, et nous apprend par le mouvement réglé de leur marche, depuis que Dieu les a créés, qu'il y a une puissance infinie qui les dirige selon l'ordre qu'il a établi.

*D.* Qu'est-ce que le ciel?

*R* C'est cet espace d'une immense étendue que nous voyons au-dessus de nos têtes.

*D.* En combien de parties peut-on diviser le ciel?

*R.* En deux parties: le *Firmament,* où sont les astres, et le *ciel empyrée,* qui est cet espace immense dont ni nos sens, ni notre imagination ne peuvent concevoir l'étendue, et que l'on appelle improprement *le trône de la Majesté de Dieu.*

*D.* N'y a-t-il pas une autre partie d'instincte du firmament et du ciel empyrée?

*R.* Oui, c'est l'atmosphère.

*D.* Qu'est-ce que l'atmosphère?

*R.* C'est l'air qui nous environne, dans lequel vivent les oiseaux, et où se forment les météores.

*D.* De quoi l'atmosphère est-elle composée?

*R.* Elle est composée de l'air, des exhalaisons qui s'élèvent de la terre, et des vapeurs qui s'élèvent de la mer.

*D.* Quelle est l'étendue de l'atmosphère autour de la terre?

*R.* Elle est d'environ 25 ou 30 lieues à la ronde; ainsi, l'on peut dire que l'atmosphère sert d'enveloppe à la terre.

# DU SOLEIL.

*D.* Qu'est-ce que le soleil?

*R.* C'est cet astre que Dieu a créé comme un superbe flambeau pour éclairer le monde, et qui produit la lumière et la chaleur.

*D.* Le soleil est-il plus grand que la terre?

*R.* Il est environ un million de fois plus grand que la terre, et ce n'est qu'à cause de son prodigieux éloignement qu'il nous paraît si petit.

*D.* Le soleil est-il bien éloigné de la terre?

*R.* Il est éloigné d'environ 25 ou 30 millions de lieues.

*D.* Le soleil ne nous fait-il pas d'autre bien que celui de la lumière ?

*R.* Il fait mûrir les fruits de la terre par sa chaleur.

*D.* Le soleil tourne-t-il autour de la terre ?

*R.* Non ; c'est la terre qui tourne, autour de cet astre qui demeure fixe ; mais il a un mouvement de rotation, par lequel il tourne sur lui-même en 25 jours.

*D.* Pourquoi dit-on que le soleil se lève ou qu'il se couche, puisqu'il ne change pas de place ?

*R.* C'est une façon de parler qui n'est pas exacte. La terre, en tournant sur elle-même en 24 heures, présente successivement au soleil toutes les parties de sa surface qui en sont éclairées ; mais, comme nous ne nous apercevons pas de ce mouvement de la terre, nous disons improprement que le *soleil se lève* ou qu'*il se couche.*

# DES ÉTOILES, DES PLANÈTES,
## DES COMÈTES.

*D.* En combien de classes range-t-on les astres ?

*R.* En trois grandes classes, savoir : les étoiles fixes, les planètes et les comètes.

*D.* Qu'est-ce que les étoiles fixes ?

*R.* Ce sont des corps célestes qui brillent par eux-mêmes, comme le soleil. Leur nombre étant incalculable, on s'est contenté de les partager en plusieurs groupes ou assemblages, qu'on appelle *constellations,* et auxquels on a donné différents noms.

*D.* Qu'est-ce que les planètes ?

*R.* Ce sont des corps opaques qui ont un cours réglé et périodique autour du soleil, et qui n'ont d'autre lumière que celle qu'ils reçoivent de cet astre.

*D.* Comment, à la simple vue, distingue-t-on une étoile d'avec une planète ?

*R.* En ce qu'une étoile fixe brille par élancements, par scintillations, au lieu qu'une planète n'a qu'une lumière douce et tranquille.

*D.* Combien y a-t-il de planètes principales ?

*R.* Il y en a sept, savoir : *Mercure, Vénus,* la *Terre, Mars, Jupiter, Saturne* et *Uranus* ou *Herschell.*

*D.* Qu'entendez-vous par planètes secondaires ou satellites ?

*R.* Ce sont des astres ou corps célestes plus

petits, qui tournent autour d'une planète princi-
pale et la suivent dans son mouvement autour
du soleil.

*D.* Quelles sont les planètes qui ont des satellites ?

*R.* Jupiter qui en a quatre; Saturne, sept;
Herschell, six ; la Terre, un seul, qui est la lune.

*D.* Quelle est la particularité qui distingue
Saturne ?

*R.* C'est un anneau lumineux qui l'entoure,
mais qui est séparé du corps de la planète.

*D.* Qu'est-ce que les comètes ?

*R.* Les comètes sont des planètes qui décrivent
un cercle allongé autour du soleil. Le mot *comète*
veut dire *astre chevelu*, c'est-à-dire entouré
d'une vapeur lumineuse que l'on appelle *queue*
ou *chevelure*.

*D.* L'apparition d'une comète présage-t-elle
quelque grand événement ?

*R.* On l'a cru, autrefois ; mais cette croyance
n'est pas fondée.

## DE LA LUNE.

*D.* Qu'est ce que la lune?

*R.* C'est une planète du second rang, qui

suit la terre et l'éclaire pendant la nuit ; comme les autres planètes, la lune n'a d'autre lumière que celle qu'elle reçoit du soleil, et qu'elle nous communique par réflexion.

*D.* Quels sont les mouvements de la lune ?

*R.* Elle en a deux principaux : l'un par lequel elle tourne autour de la terre en 27 jours 8 heures, et l'autre qui l'emporte à la suite de la terre autour du soleil, dans l'espace d'une année. Outre ces deux mouvements, la lune en a un troisième, par lequel elle tourne sur elle-même, dans l'espace d'un mois.

*D.* Quelle est la grosseur de la lune?

*R.* Elle est environ cinquante fois plus petite que la terre. Si elle nous paraît plus grande que les autres planètes, c'est qu'elle est plus près de nous. Elle est éloignée de la terre d'environ 80 mille lieues.

*D.* Que remarquons-nous de particulier dans la lune ?

*R.* Ce sont ses *phases*, ou les différentes formes sous lesquelles elle paraît, en tournant autour de la Terre. Il y en a quatre principales. La première de ces *phases* ou apparences, s'appelle *nouvelle lune* : elle a lieu quand la lune se trouve entre le soleil et la terre : alors, sa partie éclairée est tournée vers le soleil, et ne peut être aperçue de la terre; mais, le lendemain, elle paraît sous la forme d'un croissant.

*D.* Comment se nomme la seconde phase ?

*R.* On la nomme *premier quartier*, parce que, sept jours environ après la première lune, cette planète est parvenue au quart de sa révolution. Nous voyons alors, la moitié de sa partie éclairée, sous la forme d'un demi-cercle qui est tourné vers l'occident.

*D.* Quelle est la troisième phase?

*R.* C'est la *pleine lune*, qui arrive vers le quatorzième jour de son cours. Alors, la lune se trouvant opposée au soleil, nous présente toute sa partie éclairée : ce jour-là, elle se lève au moment où le soleil se couche.

*D.* Comment se nomme la dernière phase ?

*R.* On la nomme *dernier quartier*, parce que la lune est aux trois quarts de sa route.. Elle ne paraît éclairée qu'à moitié, comme au septième jour; mais, cette moitié est du côté de l'orient.

*D.* Comment se font les éclipses de soleil ?

*R.* Les éclipses de soleil arrivent au temps de la nouvelle lune, parce que cette planète se trouvant alors, entre la terre et le soleil, nous cache totalement ou en partie, la lumière de cet astre.

*D.* D'après ce que vous venez de dire, il devrait y avoir une éclipse de soleil à chaque nouvelle lune ?

*R.* Oui, si la lune se trouvait toujours sur une même ligne droite entre le soleil et la terre; mais elle se trouve tantôt plus haut et tantôt plus bas...

*D.* Qu'appelle-t-on éclipse de lune ?

*R.* C'est lorsque la terre se trouvant placée directement entre le soleil et la lune, couvre celle-ci de son ombre, totalement ou en partie. Cette éclipse ne peut arriver qu'au temps de la pleine lune.

*D.* Quelle influence la lune a-t-elle sur la terre ?

*R.* Elle cause le flux et le reflux de la mer.


## DE LA TERRE.


*D.* Qu'est-ce que la terre ?

*R.* La terre, qui est au rang des planètes, est le globe que nous habitons.

*D.* Quelle est la forme de la terre ?

*R.* La terre est ronde, sa surface est convexe

*D.* La terre est-elle fixe ou en mouvement ?

*R.* Elle tourne continuellement.

*D.* Comment appelle-t-on la ligne autour de laquelle tourne la terre?

*R.* On l'appelle *axe* ou *essieu.*

*D.* Comment nomme-t-on les deux points par où se termine l'*axe* ou l'*essieu* de la terre ?

*R.* On les nomme, l'un pôle septentrional ou arctique, et l'autre, pôle méridional ou antarctique.

*D.* Comment se fait le mouvement de la terre ?

*R.* En deux manières : La terre tourne d'abord sur son *axe* en vingt-quatre heures, et c'est ce qui nous donne alternativement le jour et la nuit. L'autre mouvement est progressif, c'est-à-dire que la terre, en tournant sur elle-même, avance toujours dans le cercle qu'elle décrit autour du soleil, en sorte qu'elle peut être comparée à la roue d'un char, qui est en mouvement.

*D.* Combien la terre emploie-t-elle de temps a faire sa révolution autour du soleil?

*R.* 365 jours et quelques heures. C'est cette révolution périodique qui produit les quatre saisons.

*D.* La terre est-elle parfaitement ronde ?

*R.* Elle est un peu aplatie vers les deux pôles.

*D.* Combien la terre a-t-elle de lieues de circonférence ?

*R.* Elle en a 9.000.

*D.* A quoi sert la connaissance du double mouvement qu'accomplit la terre, et sur elle-même, et autour du soleil ?

*R.* Elle nous sert à mesurer la durée ou le *temps.*

## DU TEMPS.

*D.* Qu'est-ce qu'on nomme un siècle?

*R.* C'est un temps qui renferme l'espace de cent ans.

*D.* Qu'est-ce qu'un an ?

*R.* C'est l'espace de douze mois.

*D.* Qu'est-ce qu'un mois ?

*R.* C'est l'espace de quatre semaines et quelques jours.

*D.* Combien y a-t-il de semaines dans un an

*R.* Cinquante-deux.

*D.* Combien une semaine a-t-elle de jours?

*R.* Toujours sept.

*D.* Comment les nomme-t-on?

*R.* Dimanche, lundi, mardi, mercredi, jeudi, vendredi et samedi.

*D.* Toutes les nations comptent-elles dans même ordre ?

*R.* Non; les chrétiens commencent par le dimanche; les juifs, par le samedi, et les mahométans, par le vendredi.

*D.* Qu'est-ce qu'un jour ?

*R.* C'est l'espace qui renferme vingt-quatre heures; on l'appelle *jour naturel.*

*D.* Comment le jour naturel est-il partagé?

*R.* En deux parties, savoir: la nuit, et le jour proprement dit.

*D.* Ne partage-t-on pas le jour d'une autre manière ?

*R.* Oui; on le partage encore en quatre parties, savoir: le matin, le midi, le soir et le minuit.

*D.* Qu'est-ce que le *jour proprement dit?*

*R.* C'est le temps qui dure depuis le soleil levant, jusqu'au soleil couchant.

*D.* Qu'est-ce que la nuit ?

*R.* C'est le temps qui dure depuis le coucher du soleil jusqu'à son lever.

*D.* Qu'est-ce qu'une heure?

*R.* C'est l'espace de soixante minutes, et chaque minute renferme soixante secondes.

*D.* Qu'est-ce qu'une saison ?

*R.* C'est une révolution qui se fait dans la nature, régulièrement quatre fois dans l'année.

*D.* Comment les nomme-t-on ?

*R.* Le printemps, l'été, l'automne et l'hiver.

*D.* Combien dure chaque saison ?

*R.* Trois mois.

*D.* Quand commence le printemps?

*R.* Le 20 ou le 21 mars.

*D.* Quand commence l'été ?

*R.* Le 21 ou le 22 juin.

*D.* Quand commence l'automne?

*R.* Le 22 ou le 23 septembre.

*D.* Et l'hiver ?

*R.* C'est le 21 ou le 22 décembre

*D.* Quand y a-t-il égalité entre le jour et la nuit?

*R.* Cela arrive deux fois par année: la première fois, le 20 ou 21 mars, et la seconde fois, le 22 ou le 23 septembre.

*D.* Comment nomme-t-on ces deux jours-là ?

*R.* On les nomme *équinoxes*.

*D.* Combien d'heures a le jour proprement dit ?

*R.* Douze, mais seulement aux *équinoxes*.

*D.* Y a-t-il également douze heures les autres jours ?

*R.* Non, cela change suivant les saisons; car, tantôt le jour est plus long, et la nuit plus courte; tantôt le jour est le plus court, tandis que la nuit est plus longue. En hiver, les nuits sont plus longues que le jour; en été, au contraire, les jours sont plus longs que les nuits.

*D.* Comment appelle-t-on la lumière qui précède le lever du soleil et celle qui suit son coucher ?

*R.* On nomme *aurore* la lumière qui précède le lever du soleil, et *crépuscule*, celle qui suit son coucher.

*D* Qu'appelle-t-on jours caniculaires ?

*R.* Ce sont les jours les plus chauds de l'année, depuis le 19 juillet jusqu'au 28 août; on leur a donné ce nom, parce que l'étoile appelée *Canicule* ou *grand chien*, se lève et se couche pendant tout ce temps-là si près du soleil, qu'elle est cachée dans ses rayons. .

*D.* Quel est le jour le plus long de l'année ?

*R.* C'est le 21 ou le 22 juin ; alors, chaque jour commence à décroître successivement.

*D.* Quel est le jour le plus court de l'année ?

*R.* C'est le 21 ou 22 décembre ; alors, chaque jour commence à croître successivement.

*D.* Ce changement est-il le même pour toute la terre ?

*R.* Non, ce changement est plus ou moins sensible, suivant qu'un pays est situé par rapport au soleil. Il y a des contrées où la nuit est en tout temps égale au jour ; il y en a d'autres, où la nuit, pendant l'été, n'est que d'une heure ; d'autres enfin, où la nuit dure six mois, et le jour autant.

*D.* D'où vient cela ?

*R.* Cela vient des différentes positions de la terre par rapport au soleil. Nous expliqueron ceci plus au long à l'article de la Sphère.

*D.* Comment nomme-t-on le jour le plus long de l'année ?

*R.* Le solstice d'été.

*D.* Comment nomme-t-on le jour le plus ourt ?

*R.* Le solstice d'hiver.

*D.* Comment appelle-t-on les mois dans l'ordre où on les place ?

*R.* Janvier, février, mars, avril, mai, juin, juillet, août, septembre, octobre, novembre, décembre.

*D.* Combien chacun de ces mois contient-il de jours ?

*R.* Il y en a sept qui ont trente-et-un jours, savoir : janvier, mars, mai, juillet, août, octobre et décembre ; quatre en ont trente, savoir : avril, juin, septembre et novembre ; un seul, qui est le mois de février, n'a que vingt-huit ou vingt-neuf jours.

*D.* Combien l'année a-t-elle de jours ?

*R.* Trois cent soixante-cinq.

*D.* Ce nombre est-il toujours le même ?

*R.* Non ; il change tous les quatre ans, et la quatrième année a un jour de plus.

*D.* Comment nomme-t-on cette quatrième année ?

*R.* L'année bissextile, parce qu'elle a un jour de plus.

*D.* D'où vient cette augmentation d'un jour ?

*R.* C'est que, chaque année, la terre employan

six heures de plus à faire sa révolution autour du soleil, ces six heures, au bout de quatre ans, font un jour que l'on ajoute à ceux de février : c'est pour cette raison, que ce mois a vingt-neuf jours dans les années bissextiles.

*D.* Qu'est-ce qu'une époque ?

*R.* C'est une manière de compter le temps écoulé entre deux événements remarquables. C'est une époque, par exemple, depuis la création du monde jusqu'au déluge. Le mot *époque* désigne aussi l'événement même, comme la naissance de Notre-Seigneur, la destruction du Temple et de la ville de Jérusalem, etc.

*D.* Qu'est-ce qu'un lustre ?

*R.* C'est l'espace de cinq ans.

# CHAPITRE II.

## PHYSIQUE ET MÉTÉOROLOGIE

## DE L'AIR ET DES MÉTÉORES

*D.* Qu'est-ce que l'air?

*R.* L'air est un fluide élastique, très-pesant, il forme une espèce d'enveloppe à notre globe, et cette enveloppe se nomme *atmosphère*.

*D.* Qu'appelez-vous *météores* ?

*R.* On appelle météores, les phénomènes produits dans l'atmosphère.

*D.* Combien y a-t-il de sortes de météores ?

*R.* Il y en a trois sortes : les météores *aqueux*, les météores *lumineux* et les météores *ignés*.

*D.* Qu'est-ce que les vapeurs ?

*R.* Ce sont des particules d'eau qui s'élèvent de la mer, elles produisent les météores *aqueux*. Les météores *ignés* sont produits par l'électricité. Les météores *lumineux* sont des effets de lumière.

*D*. Quels sont les différents météores *aqueux*?

*R*. Il y en a neuf : le serein, la rosée, la gelée blanche, le brouillard, les frimas, les nuages, la pluie, la neige et la grêle.

*D*. Qu'est-ce que le serein ?

*R*. Le *serein* est une espèce d'humidité que l'on sent souvent sur ses habits, lorsqu'on se promène le soir.

*D*. Comment le serein est-il produit?

*R*. Le soleil échauffe l'air et la terre pendant le jour ; mais lorsqu'il se couche, l'air se refroidit plus promptement que la terre ; alors, les vapeurs répandues dans l'air, se condensent, et les gouttes qui en résultent, produisent l'humidité du serein.

*D*. Qu'est-ce que la rosée ?

*R*. Ce sont de petites gouttes d'eau que l'on trouve sur l'herbe et sur les plantes, le matin, au lever du soleil.

*D*. Comment se forme-t-elle ?

*R*. Les particules aqueuses du serein s'élèvent gendant toute la nuit ; mais, au lever du soleil, l'air se refroidissant, les dépose en gouttelettes sur la terre et sur les plantes ; ce qui forme la rosée tombante.

*D.* Comment se forme la gelée blanche?

*R.* Lorsque les nuits sont longues et froides, l'air et la terre ont le temps de se froidir assez, pour permettre à la rosée de se geler. Les petits glaçons qui se forment alors, sont très-menus et fort près les uns des autres, ce qui les fait paraître blancs.

*D.* D'où provient le brouillard?

*R.* Il vient de ce que, par un concours de circonstances favorables, il s'élève une très-grande quantité de particules aqueuses, qui, ayant pris la forme de vapeurs grossières, s'étendent dans l'atmosphère, et en troublent la transparence. Les lieux bas et humides, tels que les endroits marécageux, les rivières. etc., pouvant fournir une plus grande quantité de ces particules aqueuses. sont plus sujets aux brouillards que les lieux secs et élevés.

*D.* Qu'est-ce que le frimas?

*R* Le frimas, que l'on appelle aussi *givre*, est cette grande quantité de petits glaçons que l'on voit, en hiver, aux branches et aux feuilles des arbres. aux cheveux et aux habits des voyageurs. Il est formé par les brouillards. qui, dans l'hiver, sont plus fréquents que dans les saisons chaudes. et qui se déposent et se gelent sur les corps qui y sont exposés.

*D.* Comment sont formés les nuages ?

*R.* Ils sont formés par les brouillards qui se sont élevés dans l'atmosphère, et qui se rapprochent et se condensent peu à peu par l'impulsion des vents. Ils flottent à différentes hauteurs dans l'air, avec lequel ils sont en équilibre. Comme l'air et d'autant plus léger, qu'il est plus loin de la surface de la terre, il n'y a que les nuages légers qui peuvent se soutenir à une certaine hauteur. Les nuages épais, c'est-à-dire surchargés de vapeurs, et qui sont près de se fondre en pluie, sont ordinairement fort bas.

*D.* Comment se forme la pluie ?

*R.* Elle se forme par le refroidissement des nuages, qui, soumis à une température plus basse, se résolvent en gouttes ; ces gouttes, devenant alors trop pesantes pour se soutenir dans l'air, tombent en pluie plus ou moins grosse.

*D.* Qu'est-ce que la neige ?

*R.* C'est un assemblage de petits glaçons extrêmement fins. La neige n'est proprement qu'une nuée qui se gèle en se condensant, lorsque les particules aqueuses se réunissant en grand nombre, et laissant entre elles beaucoup d'espaces vides, ne forment que des flocons très-légers, qui, réfléchissant la lumière de toutes parts, nous paraissent d'un très-beau blanc. La neige vient de ce que, en hiver, les régions de l'air sont tout à fait froides, et que les nuées y trouvant ce grand froid de toutes parts, passent fort vite de l'état qui peut les réduire en pluie, à l'état qui les réduit en glace.

*D.* Comment se forme la grêle?

*R.* Des nuages, qui se refroidissent tout à coup; ce qui réduit la vapeur en gouttes déliées qui tomberaient, si l'électricité des nuages ne les retenait et ne les attirait à peu près comme l'aimant attire l'acier. Ces gouttes augmentent de volume en allant d'un nuage à l'autre jusqu'à ce que, épuisant l'électricité, elles ne peuvent plus se soutenir, et tombent sous la forme de glaçons de diverses grosseurs.

*D.* La pluie est-elle de quelque utilité ?

*R.* La pluie purifie l'air, en précipitant avec elle les exhalaisons qui s'y amassent, et qui pourraient devenir très-dangereuses. Elle rafraichit l'atmosphère et modère la chaleur qui nous incommode souvent dans certaines saisons. C'est à elle surtout que la terre doit sa fertilité; si elle manque et que rien n'y supplée, tout devient aride dans les champs, et leur culture demeure sans succès. Mais, lorsqu'elle les arrose modérément, elle amollit la terre, elle développe les germes, elle réunit les principes de la séve et lui sert de véhicule pour l'introduire dans les racines et la distribuer à la tige et aux branches.

*D.* Les pluies n'ont-elles pas quelquefois de très mauvais effets ?

*R.* Oui, lorsqu'elles sont trop abondantes, trop durables, ou chargées d'exhalaisons malignes. Lorsqu'elles tombent hors de saison, elles retardent le progrès de la végétation et la maturité des fruits ; elles pourrissent les moissons et font germer le grain sur les champs ; elles font périr le gibier ; elles gâtent les chemins ; elles rendent impraticable la navigation sur les rivières, par les débordements et les inondations qu'elles causent. Tous ces accidents incommodent le commerce et occasionnent la disette.

*D.* Ne voit-on pas quelquefois, des pluies extraordinaires par les matières dont elles sont formés ?

*R.* On a vu, quelquefois, tomber en forme de pluie ou de grêle, des matières qui n'étaient point de l'eau ; on a vu, par exemple, des pluies de soufre, des pluies de sable, etc. C'était le vent qui enlevait ces matières, et les laissait tomber à une certaine distance du lieu où il les avait prises. On voit aussi, quoique plus rarement, des pluies de crapauds, de sang, de grains, etc. ; ces animaux et ces substances diverses sont enlevés de terre par la force aspirante du phénomène particulier qu'on nomme *trombe*, et transportés souvent fort loin dans la région des nuages, d'où ils retombent en forme de pluie. Ce qu'on appelle *pluie de sang*, n'est autre chose que des gouttelettes de pluie contenant en dissolution une manière colorant en rouge, soit végétale, soit minérale; ce qui leur donne l'apparence de gouttes de sang.

*D.* Quel est le météore aqueux, le plus surprenant et le plus dangereux?

*R.* C'est celui que l'on appelle *trombe*. On le le voit assez souvent sur mer, et beaucoup plus rarement sur terre. C'est une nuée épaisse qui s'allonge de haut en bas, jette autour d'elle beaucoup de pluie, et fait entendre un bruit semblable à celui d'une mer violemment agitée. Elle renverse les arbres et les maisons partout où elle passe, et lorsqu'elle s'abaisse sur un vaisseau, elle ne manque guère de le submerger.

*D.* Comment se forme ce terrible phénomène?

*R* On croit avec assez de vraisemblance que c'est une nuée fortement chargée d'électricité et qui, par là même, attire celle de la terre, parce que toute électricité en attire une autre opposée. La violence de ce courant est telle, qu'il soulève et entraîne les objets qui se trouvent sur son passage, même l'eau de la mer, jusqu'au moment où la nuée s'étant suffisamment chargée, ne peut plus soutenir le poids de ce qu'elle a entraîné, et le laisse retomber avec un fracas terrible.

# DE L'EAU

*D.* Qu'est-ce que l'eau ?

*R.* L'eau en général est un corps fluide, liquide, humide, limpide, transparent, très-volatil, qui ne peut pas brûler dans le feu, et qui au contraire l'éteint. L'eau est sans couleur; elle est insipide et sans odeur, du moins lorsqu'elle ne contient pas de parties d'une nature différente.

*D* L'eau peut-elle perdre sa fluidité ?

*R.* Oui ; cela arrive sous l'action d'un grand froid ; l'eau forme alors un corps transparent, que l'on appelle *glace*.

*D.* L'eau est-elle partout la même ?

*R.* Oui, tandis qu'elle est pure ; mais, comme elle a la propriété de s'unir à un très-grand nombre de substances différentes, elle est souvent mêlée de parties étrangères qui lui donnent des propriétés particulières.

*D.* D'où vient que l'on trouve des fontaines et des sources dont l'eau est chaude?

*R.* Cela vient des feux souterrains, au-dessus ou auprès desquels elles sont placées. Il y en a aussi de minérales, dont on use comme de remèdes ; il y en a d'autres qui recouvrent d'une couche pierreuse les divers corps que l'on y fait séjourner.

*D.* Est-ce l'eau, en tant qu'*eau*, qui produit tous ces effets ?

*R.* Non, on doit les attribuer aux substances étrangères qu'elle amasse, en filtrant au travers des terres, et qui se combinent avec elle.

*D.* Comment se forment les sources ?

*R.* L'eau des neiges et des pluies pénètre la terre, et coule à travers les graviers, les sables et les montagnes où elle trouve des grottes souterraines, dans des rochers garnis d'un lit d'argile qui la retient. Cette eau s'amasse dans ces grottes, et forme sous terre, des réservoirs considérables. Lorsqu'il se trouve quelque issue ou quelque endroit par où l'eau peut pénétrer, elle s'y insinue, entraine peu à peu ce qui gêne son passage, et se fait une ouverture par où elle sort en source.

*D.* Comment se forment les rivières ?

*R.* Des sources. Ce ne sont d'abord que des filets d'eau qui jaillissent de la terre ; sitôt qu'ils commencent à prendre un certain cours, on les appelle *ruisseaux*. Ces ruisseaux, dans leur route, se réunissent à d'autres ruisseaux, et forment alors ce qu'on appelle une *rivière*. Ces rivières, en continuant de courir, reçoivent dans

leur sein d'autres rivières et d'autres ruisseaux.
Elles vont se décharger dans les fleuves, qui, à
leur tour, vont se décharger dans la mer.

*D.* L'eau est-elle d'une grande utilité?

*R.* Elle est d'une nécessité absolue. Elle sert
de boisson à tous les animaux ; elle délaie et dis
sout les aliments ; elle est la cause du goût, car
il est impossible de goûter ce qui est sec ; elle
entretient la vie animale, en rendant le sang
fluide et propre à la circulation ; elle est la cause
de la végétation des plantes.

*D.* A quoi sert encore l'eau ?

*R.* Elle sert à nettoyer quantité de corps ; elle
fournit des bains salutaires, parce que l'eau, en
pénétrant dans les routes de la circulation, ra-
mollit les fibres et rafraîchit le sang. Elle soulage
ceux qui sont attaqués de la goutte ; elle guérit
les rhumatismes et un grand nombre d'autres
maladies ; elle forme les pluies qui arrosent, fer-
tilisent et rafraîchissent la terre.

*D.* L'eau ne nous rend-elle pas encore d'autres services ?

*R.* Oui ; l'eau porte ces vaisseaux chargés de
marchandises qui nous font entrer en commerce
avec les nations les plus éloignées, et nous font
jouir des trésors que la nature semblait avoir
cachés aux extrémités de la terre. C'est l'eau qui

met en mouvement les moulins et une multitude de machines si utiles à la société. L'eau est l'élément d'un nombre prodigieux d'animaux de toute espèce, qui fournissent à l'homme, par le moyen de la pêche, une nourriture saine, facile et agréable.

Enfin, la vapeur dont on admire la puissance, n'est que l'eau volatilisée par l'effet d'une grande chaleur qui la dilate extraordinairement.

# DU VENT

*D.* Avant de nous expliquer ce que c'est que les météores *ignés* et les météores *lumineux*, dites-nous ce que c'est que le vent, le feu et la lumière?

*R.* Le vent n'est autre chose qu'un air agité, une portion de l'atmosphère qui se meut comme un courant, avec une certaine vitesse et dans une direction déterminée. Comme il est souvent très-nécessaire de connaître cette direction, on a distribué les vents en plusieurs classes, et on leur a donné différents noms, suivant les différents points de l'horizon d'où ils paraissent s'échapper.

*D.* En combien de classes range-t-on les vents?

*R.* Il y en a d'abord quatre principaux, qui portent le nom des quatre points cardinaux; ce sont, le vent du sud ou du midi, et celui du nord ou du septentrion, qui sont opposés; le vent d'est ou d'orient et celui d'ouest ou d'occident, qui sont aussi contraires. Ces quatre vents cardinaux ont été subdivisés en 16, ces 16 en 32, et ceux-ci en 64, tous désignés par un nom particulier.

*D.* Que dites-vous du vent du nord?

*R.* C'est ordinairement le plus froid, parce qu'il nous vient de la zone glaciale.

*D.* Quel est le vent le plus chaud?

*R.* C'est le vent du midi ou du sud, qui vient de la zone torride. Il nous amène beaucoup de nuages, parce qu'il passe sur la Méditerranée.

*D.* Quel est le vent le plus sec?

*R.* C'est le vent d'est ou d'orient, parce qu'il nous vient du grand continent d'Asie, où il y a peu de mers.

*D.* Quel est celui qui est le plus humide?

*R.* C'est le vent d'occident ou d'ouest. Il nous donne souvent de la pluie, parce qu'il nous vient de l'océan Atlantique.

*D.* Qu'est-ce que les tourbillons?

*R.* Ce sont des vents impétueux qui, rencontrant en leur chemin des nuées épaisses qui leur font obstacle, les resserrent et les font venir sur la terre en tournoyant.

*D.* Que marque une couleur rougeâtre, dispersée çà et là dans les nuées ?

*R.* Elle marque une grande condensation dans l'air, et annonce le vent. Au reste, les physiciens ne sont pas d'accord sur la cause des vents.

*D.* D'où dépend la force du vent ?

*R.* La force du vent, comme celle des autres corps, dépend de sa vitesse et de sa masse, c'est-à-dire de la quantité d'air qui se meut ; ainsi, le même vent fait d'autant plus d'efforts, que l'obstacle sur lequel il agit, lui présente plus de surface. C'est pour cette raison que les arbres sont moins sujets l'hiver que l'été, à être rompus par la violence des vents, parce que dans l'hiver, n'étant point garnis de feuilles, ils leur donnent moins de prise. On doit avoir remarqué qu'on déploie plus ou moins les voiles d'un vaisseau, qu'on habille plus ou moins les ailes d'un moulin à vent, suivant qu'on veut donner au vent plus ou moins de force.

*D.* Les vents ne causent-ils pas quelquefois de grands ravages ?

*R.* Oui ; ils enlèvent des montagnes de sable ;

ils soulèvent les flots de la mer; ils contribuent à exciter les tempêtes et les ouragans; ils renversent les maisons, déracinent les arbres, etc.

*D.* Ne procurent-ils pas aussi plusieurs avantages ?

*R.* Oui, ils nous en procurent de grands. Ce sont eux qui transportent les nuages pour arroser et fertiliser la terre; ce sont eux qui dissipent ces mêmes nuages, pour faire succéder le calme à l'orage; c'est par ces mouvements et ces agitations, que l'air se renouvelle et se purifie, que le chaud et le froid se transmettent d'un pays à l'autre.

*D.* Mais n'arrive-t-il pas aussi que nous perdons au change ?

*R.* Oui, car si le vent vient d'un lieu malsain, il en apporte les mauvaises qualités et la contagion; mais ce sont des cas particuliers et assez rares. Lorsque l'été règne dans notre hémisphère, le vent du nord vient, de temps en temps, modérer l'excès de la chaleur; comme durant l'hiver, le vent du midi vient tempérer l'excès du froid. Le secours du vent est si commode, son utilité est si bien reconnue, que lorsqu'il n'en fait pas on s'en procure artificiellement, en agitant l'air avec un éventail ou autrement, pour se donner du frais. Le forgeron se sert d'un soufflet pour animer son feu, et le boulanger nettoie son blé en le faisant passer devant une espèce de roues garnie de quatre volants, pour jetter l'air des su et en emporter la poussière.

*D.* Quels services recevons-nous encore du vent ?

*R.* Le vent est, pour ainsi dire, l'âme de la navigation. Par le moyen du vent, des vaisseaux que l'on pourrait regarder comme autant de villes flottantes, passent d'un bout de l'univers à l'autre, et l'on voit tous les jours en commerce, des nations, que l'Océan semblait avoir éternellement séparées par ses vastes barrières.

## DU FEU

*D.* Qu'est-ce que le feu ?

*R.* Ce que l'on appelle ordinairement feu, n'est autre chose qu'un corps embrasé, dont les parties se désunissent et s'en vont en fumée, en flammes, en vapeurs, etc. La cause de cet embrasement est une véritable matière, un corps particulier qu'on nomme *calorique*, mais qui a besoin d'être excité pour agir. Il n'y a presque point de corps qui ne soient altérables par le feu; l'or lui-même s'y fond.

*D.* Le *calorique* est-il bien répandu dans la nature ?

*R.* Il est répandu partout; dans l'air que nous respirons, dans la terre sur laquelle nous marchons, dans toutes les substances que nous touchons ou qui passent dans nos corps par forme d'aliment; il est au-dedans de nous-mêmes, et nous n'avons pas un grain pesant de chair ou d'os, qui n'en soit intimement pénétré. Quelquefois, il paraît comme enchaîné et comme engourdi dans les corps; mais, il est facile de le réveiller et de l'exciter par un mouvement rapide, ou par le frottement. On éprouve quelquefois, une chaleur très-vive quand on s'est frotté les mains fortement. Les ouvriers qui travaillent à l'air, dans les saisons froides, raniment leur chaleur, en se battant le corps avec les bras.

*D.* Quel est le feu le plus pur que nous connaissions?

*R.* C'est le feu électrique, mais il a besoin d'être excité.

*D.* N'y a-t-il pas différents moyens pour exciter l'action du feu ?

*R.* Oui : 1º le frottement, ou le choc des corps solides, est le moyen que nous employons le plus fréquemment.

2º La fermentation qui produit une très-grande chaleur et quelquefois l'embrasement.

Du foin serré avant d'être sec, peut fermenter et s'échauffer au point de s'enflammer.

3° Les rayons du soleil qui, rassemblés avec un miroir concave, peuvent enflammer les corps qu'on y expose. Lorsque ces rayons sont rassemblés par une lentille de verre, ils produisent la plus grande chaleur connue. C'est par ce moyen que l'on est parvenu à brûler le diamant.

*D.* Quels sont les météores *ignés ?*

*R.* Les voici : la foudre, le tonnerre, les éclairs, les feux-follets, les étoiles tombantes, le feu Saint-Elme, les aurores boréales et les bolides.

*D.* Qu'est-ce que la foudre ?

*R.* C'est le feu produit par les nuages orageux. Lorsqu'un nuage chargé d'électricité, passe auprès d'un autre chargé de l'électricité contraire, le trop de chacun se précipite vers l'autre, en s'enflammant avec explosion ; le feu se nomme *foudre* ; la lumière qu'il produit, *éclair*, et le bruit, *tonnerre*.

Quelquefois, il suffit d'un nuage pour produire la foudre : elle est alors dangereuse ; cela a lieu lorsque le nuage, fortement chargé, passe trop près de la terre, qui se charge alors de l'électricité contraire ; le courant a lieu entre le nuage et la terre, et l'on dit que la foudre est tombée.

*D.* D'où vient le roulement du tonnerre?

*R.* Il est produit par les échos des nuages, des montagnes et des bâtiments. Il n'y a rien à craindre du tonnerre qui roule.

*D.* N'y a-t-il pas d'éclair sans tonnerre?

*R.* Non. Lorsque l'on n'entend pas de bruit, cela vient de son éloignement; et, lorsqu'on entend le bruit, sans voir l'éclair. cela provient de quelque obstacle, tel que la grande lumière ou l'épaisseur des nuages.

*D.* Quels sont les objets exposés à la foudre ?

*R.* Pour l'ordinaire, la foudre tombe sur les endroits élevés, comme sur des tours fort hautes et sur lesquelles on plante des verges de fer pour arborer des pavillons, sur la flèche des clochers, sur les églises élevées, surmontées de croix de fer, ou couvertes de métal, et sur les grands arbres. Ainsi, il est beaucoup plus sûr de se tenir en pleine campagne, que de se réfugier sous un arbre, pour se mettre à l'abri de l'orage.

*D.* Peut-on connaître à quelle distance la foudre éclate?

*R.* En comptant autant de fois 400 mètres qu'il y a de secondes entre l'éclair et le bruit ; il faut dix secondes pour une lieue. S'il ne se trouve aucun intervalle entre l'éclair et le tonnerre, il est permis de craindre la foudre qui peut éclater sur la tête ou auprès de l'observateur.

*D.* Le son des cloches, en temps d'orage, écarte-t-il le tonnerre ?

*R.* Ce moyen est plus dangereux qu'utile, car des cloches de métal, frappées par des battants de fer et mises en vibration, sont plus exposées aux effets du tonnerre que lorsqu'elles demeurent en repos ; elles l'attirent plutôt qu'elles ne le repoussent.

*D.* Le tonnerre nous procure-t-il quelque avantage ?

*R.* Oui. S'il a quelquefois des effets terribles. il nous procure aussi de grands avantages : il ébranle l'air, il le meut, le purifie ; il condense certaines nuées, il les réduit en eau, et fait tomber sur la terre, une pluie qui contribue à la végétation et à la fécondité des plantes ; il tempère aussi les chaleurs de l'atmosphère

*D.* Qu'est-ce que les feux-follets ?

*R.* Ce sont les exhalaisons qui sortent de la terre, s'élèvent et se dissipent dans l'air, sans causer aucun bruit ni dégât.

*D.* Pourquoi ces petites flammes sont-elles appelées *feux-follets* ?

*R.* Parce qu'elles voltigent çà et là, à quel-

ques pieds de terre. On les voit assez communément, surtout à la fin de l'été, dans les endroits
marécageux, les cimetières, ou bien dans les
lieux où abondent les matières sulfureuses et in-
flammables.

*D.* Qu'est-ce que les étoiles tombantes?

*R.* Ce sont des traînées de lumière qui vont
d'un point du ciel à l'autre, ou qui semblent se
précipiter vers la terre. On les appelle *étoiles
tombantes,* parce que le vulgaire s'imagine que
ce sont ces astres qui abandonnent les voûtes célestes, pour s'élancer sur notre globe ou pour
changer de place.

*D.* Qu'appelez-vous *feu Saint-Elme?*

*R.* Ce sont de petites flammes aussi légères
que les feux-follets. On les appelle encore *Castor
et Pollux.* On les voit, particulièrement après
les temps orageux, s'élancer comme de petits
oiseaux, sur toutes les parties d'un navire qui
est en mer, sans cependant rien embraser.

*D.* Qu'appelez-vous *aurores boréales* ?

*R.* C'est un éclat lumineux, d'une grande
intensité, semblable à un vaste embrasement
dans une portion considérable du ciel et, quelquefois durant plusieurs nuits de suite, toujours
du côté du nord. C'est pour cela qu'on les nomme
*aurores boréales.*

*D.* Quels sont les météores qu'on nomme *bolides?*

*R.* Ce sont des globes d'une grosseur énorme et d'un éclat souvent plus vif que celui de la lune. Ils paraissent de temps en temps dans l'atmosphère, se brisent ensuite avec un terrible fracas, et répandent au loin une fumée épaisse, presque toujours accompagnée d'une odeur sulfureuse.

# DE LA LUMIÈRE

*D.* Qu'est-ce que la lumière ?

*R.* On appelle lumière, tout ce qui donne à l'âme la faculté de voir par le moyen des yeux.

*D.* Quels sont les météores lumineux ?

*R.* Il y en a deux bien remarquables, l'*Iris* ou *arc-en-ciel* et les *couronnes.* Pour bien entendre la raison des météores lumineux, il faut savoir d'abord que la lumière produit les couleurs.

*D.* Combien y a-t-il de couleurs?

*R.* Il y en a sept primitives : le *rouge,* l'*orangé,* le *jaune,* le *vert,* le *bleu,* l'*indigo* et le *violet.* Toutes les autres nuances ne sont que des mélanges ou des modifications de celles ci.

*D.* Qu'est-ce que l'*Iris* ou *arc-en-ciel* ?

*R* C'est le bel arc offrant les sept couleurs primitives et que l'on voit souvent dans les temps pluvieux, dans la partie de l'air opposée au soleil.

*D.* Comment est formé cet arc ?

*R.* Il est formé par des gouttes de pluie qui rompant les rayons du soleil, nous offrent les sept couleurs primitives.

*D.* Que dit l'Ecriture-Sainte de cet arc ?

*R.* Que Dieu, par un effet de sa bonté infinie, a voulu nous le donner après le déluge universel, pour un signe qu'il ne ferait plus périr les hommes par les eaux.

*D.* Comment l'arc-en-ciel. qui n'est qu'un phénomène naturel, n'avait il pas paru avant le déluge?

*R.* Il n'y a pas de doute que Noé n'en eût souvent vu de semblables avant le déluge; mais Dieu, ajoutant comme dans les Sacrements, la grâce à la nature, en fit un signe de son alliance. C'est pour cela qu'il le nomme son *arc*, et qu'il dit qu'il le mettra dans la nue. *(Gen., ch. 9.)*

*D.* Qu'appelle-t-on *couronnes* ?

*R.* On appelle *couronnes* des cercles colorés, qu'on aperçoit quelquefois autour du soleil et de la lune, et qui proviennent de ce que leurs rayons sont réfractés ou rompus par les vapeurs que forment les nuages.

*D*. N'y a-t-il pas différents corps qui, sans être la *lumière*, en produisent cependant les effets ?

*R*. Oui: Il y a un grand nombre de corps qui ont la propriété de produire une lumière particulière, qui luit dans l'obscurité, mais sans chaleur et sans combustion. On leur donne le nom de *phosphore*. et la lumière qu'ils répandent, s'appelle *lumière phosphorique*. Ainsi, on voit quelquefois, la viande d'une boucherie, se couvrir de taches lumineuses, et souvent des arêtes de poisson briller au coin des rues ou dans les cloaques. Les navigateurs ont fréquemment, sous certaines latitudes, et par les nuits les plus chaudes de l'été, le spectacle d'une mer toute étincelante, par l'éclat phosphorescent des vagues.

Le poil des chats et celui de plusieurs autres animaux, étincellent sous la main, surtout quand il fait froid. Quantité de personnes ne peuvent se peigner dans l'obscurité sans voir, et sans entendre même jaillir du feu de leur chevelure. Ces étincelles proviennent, non de la lumière phosphorique, mais de l'électricité. Ce sont des lueurs de cette espèce qui effraient les valets d'écurie, et leur font dire que certains chevaux sont pansés par des *esprits follets*.

# CHAPITRE III.

## HISTOIRE NATURELLE

*D.* Qu'est-ce que l'histoire naturelle ?

*R.* L'histoire naturelle est la science qui nous apprend à connaître les productions de la nature et les différences qui les caractérisent.

*D.* Comment divise-t-on les êtres ou les productions de la nature ?

*R.* En trois classes principales ou *règnes.*

*D.* Comment les nommez-vous ?

*R.* 1° *Le règne animal*; 2° *le règne végétal*; 3° *le règne minéral.*

*D.* Que renferme le premier règne ?]

*R.* Le règne animal comprend tous les animaux ou êtres animés  Les animaux sont des êtres organisés qui se nourrissent, se reproduisent, sentent et se meuvent.

*D* Que renferme le second règne?

*R.* Le règne végétal comprend toutes les substances qui végètent, telles que les plantes, l'herbe, les arbres, etc. Les végétaux sont des corps organisés qui se nourrissent et peuvent se reproduire, mais sont privés de sentiment et de mouvement.

*D.* Que renferme le troisième règne?

*R.* Le règne minéral comprend les corps ou substances sans organes, tels que les pierres, les métaux, etc.

## DES ANIMAUX

*D.* Comment se divise le règne animal?

*R.* En six grandes familles, l'*homme*, les *quadrupèdes*, les *oiseaux*, les *poissons*, les *amphibies*, les *reptiles* et les *insectes*.

*D.* Qu'appelle-t-on *quadrupèdes* ?

*R.* Ce sont les animaux qui marchent à quatre pieds, comme le bœuf, le cheval, l'âne, etc.

*D.* Le nombre des quadrupèdes est-il bien considérable ?

*R.* Si considérable, qu'il faudrait une étude de plusieurs années pour les connaître tous.

*D.* Qu'est ce que les *oiseaux* ?

*R.* Ce sont des animaux couverts de plumes. Ils ont deux pieds qui leur servent à marcher, deux ailes avec lesquelles ils se soutiennent dans les airs; et, au lieu d'être armés de mâchoires comme les quadrupèdes, ils sont pourvus d'un bec qui leur sert à broyer tous les aliments dont ils se nourrissent. Tous les oiseaux sont *ovipares.*

*D.* Que veut dire le mot *ovipare?*

*R.* Il signifie, *naître dans un œuf.* Les oiseaux, au lieu de mettre au monde leurs petits tout formés, ne les produisent qu'en germe, et renfermés dans un œuf.

*D.* Qu'est-ce que les *oiseaux de proie?*

*R.* Ce sont ceux qui ont un caractère farouche et cruel, qui se nourrissent de chair et font la guerre aux autres oiseaux. Tel est l'*aigle* que son courage et sa force prodigieuse ont fait nommer le roi des oiseaux. Tels sont encore, le *vautour*, l'*épervier*, le *faucon*, le *hibou*, la *chouette*, etc.

*D.* Qu'est ce que les oiseaux *aquatiques* ?

*R.* Ce sont ceux dont les plumes sont à l'épreuve de l'eau, et dont les pieds sont garnis d'une membrane qui leur sert de nageoire. Tels sont le *cygne*, l'oie, le *canard*, le *plongeon*, le *pélican*, etc.

*D.* Qu'est-ce que les oiseaux de *passage*?

*R.* Ce sont les oiseaux voyageurs qui changent de climat, qui s'en vont et qui reviennent suivant les saisons. Ils ont leur temps marqué et ils ne le passent jamais; mais il n'est pas le même pour chaque espèce. Les uns attendent l'hiver pour partir, les autres, le printemps, etc.

*D.* Qu'est-ce que les *poissons*?

*R.* Ce sont des animaux qui vivent dans l'eau. Quand on examine les poissons, il semble qu'ils n'ont qu'une tête et une queue. On ne leur voit ni pieds, ni bras; leur tête même n'a point de mouvement libre, et on les croirait privés de tous les organes nécessaires à la conservation de leur vie. Mais, avec si peu d'organes extérieurs, ils sont plus agiles, plus prompts, plus remplis d'artifices, que s'ils avaient plusieurs mains.

*D.* Y a-t-il beaucoup d'animaux qui vivent dans l'eau?

*R.* Oui; la mer voit éclore à chaque saison dans son sein, plus d'animaux que la terre ne pourrait en nourrir.

*D.* Qu'appelez-vous *amphibies* ?

*R.* On appelle ainsi les animaux qui vivent également sur la terre et dans l'eau, comme les *tortues*, les *crocodiles*, etc.

*D.* Qu'est-ce que les *reptiles* ?

*R.* Ce sont des animaux qui rampent sur la terre, tels que les différentes espèces de serpents, vipères, lézards, etc.

*D.* Qu'est-ce que les *insectes* ?

*R.* Ce sont de petits animaux qui subissent une ou plusieurs métamorphoses.

*D.* Que veut dire le mot *métamorphose* ?

*R.* Il veut dire sortir d'un état pour entrer dans un autre, comme les chenilles, par exemple, qui deviennent papillons, etc.

*D.* Les insectes sont-ils utiles ?

*R.* Il y en a de précieux, comme l'*abeille* et le *ver-à-soie*; les autres servent de nourriture à la plupart des oiseaux.

*D.* Tous les insectes ailés ont-ils subi une *métamorphose* ?

*R.* La plupart des insectes ailés ne sortent pas de leurs œufs, dans leur état de perfection ; ils prennent d'abord la forme d'un ver, sous laquelle ils vivent et se nourrissent durant un certain temps ; après quoi, ils se métamorphosent et s'enveloppent d'une espèce de masque, sous lequel ils passent un temps plus ou moins considérable, sans prendre de nourriture; ils sont alors sans mouvement et comme privés de vie.

*D.* Comment appelle-t-on l'état des insectes renfermés dans cette espèce de masque ?

*R.* On l'appelle *état de chrysalide*.

Ils sortent de l'état de chrysalide, pour prendre leur dernière forme qui est ordinairement la plus brillante. Tout ce qui est ver et qui a rampé, devient une espèce de mouche, de moucheron, de papillon ; et tout insecte qui vole, a rampé dans sa première origine ; il a été une espèce de ver ou de chenille avant d'avoir eu des ailes. L'état mitoyen entre ces deux extrémités de bassesse et d'élévation, est le temps ou l'animal devient *fève* ou *cocon*.

*D.* Les animaux sont-ils d'une grande utilité à l'homme ?

*R.* Oui, la plus grande partie nous fournissent une nourriture excellente, nous procurent des vêtements aussi précieux que commodes, et deviennent une grande ressource pour les voyages ou la culture de la terre. Les autres, comme certains oiseaux, nous procurent mille jouissances, et tous, dans leur nombre prodigieux et leur étonnante variété, nous font connaître la puissance, la magnificence et la libéralité de Celui qui les a créés pour notre usage.

# LES VÉGÉTAUX

*D.* Qu'est-ce que les végétaux ?

*R.* Les végétaux sont des corps organisés qui s'attachent à la terre, comme à leur mère nourricière, et en tirent une liqueur que l'on appelle *sève*, et qui est comme leur sang. Tant que cette sève s'élève dans les canaux qui leur tiennent lieu de veines, ces corps végètent, ils poussent, ils vivent; mais ils périssent dès que la sève est supprimée, ou qu'elle ne circule plus régulièrement.

*D.* La terre a-t-elle seule la propriété de produire et de nourrir les végétaux ?

*R.* Un grand nombre de plantes germent, croissent et se nourrissent dans l'eau. On les appelle pour cela, plantes aquatiques.

*D.* La mer ne produit-elle pas aussi ses végétaux ?

*R.* Oui, et cette végétation qui tapisse le fond des mers, est presque aussi abondante et aussi variée que l'innombrable collection d'arbres et de plantes qui couvrent la surface de la terre.

*D.* Les végétaux nous sont-ils bien nécessaires?

*R.* Oui; ils nous procurent de quoi nous nourrir avec les grains, les fruits, les légumes et les différentes sortes de plantes.

*D.* A quoi nous sont-ils encore utiles ?

*R.* Ils servent à nous éclairer pendant la nuit, par l'huile que l'on extrait de plusieurs espèces de graines et d'amandes. Ils servent encore à nous vêtir, comme le *chanvre* et le *lin* dont on fait différentes toiles, le *coton* dont on fait mille sortes d'étoffes. De plus, un grand nombre d'entre eux nous servent pour la construction de nos maisons, et nous fournissent une quantité de meubles et de machines fort utiles. Ils servent encore à nous chauffer et à entretenir le feu qui sert à cuire nos aliments.

*D.* Les végétaux nous fournissent-ils des remèdes ?

*R.* Oui; un nombre infini de graines, de plantes, de racines, ont des propriété médicales. C'est encore le règne végétal qui nous procure le miel, le sucre, etc.

## DES MINÉRAUX

*D.* Que remarquez-vous dans le règne minéral ?

*R.* Trois classes principales, savoir: les *terrains*, les *rochers* et les *métaux*.

*D.* Combien distingue-t-on d'espèce de *terrains*?

*R.* On en distingue plusieurs: 1º la terre végétale qui forme la couche supérieure du sol, et qui a la propriété de produire et de nourrir les plantes; 2' les sables ou terrains sablonneux. C'est du sable fondu par l'action d'un feu violent, que vient le verre; 3º Aux couches inférieures, les terrains plus consistants, quoique faciles à exploiter, tels que les différentes espèces de craie, les marnes, les platrières, les tourbes, etc.; les terrains argileux dont on fait la poterie, la faïence, la porcelaine, etc.

*D.* Qu'appelez-vous *roches*?

*R.* Ce sont des substances compactes et très-dures, qui, disposées par grandes couches ou par blocs énormes, forment la charpente solide des montagnes et du globe tout entier que nous habitons.

*D.* Qu'entend-on par *carrières*?

*R.* Les carrières sont les endroits d'où l'on extrait les différentes espèces de roches ou pierres qui servent à nos usages. Ainsi, il y a des carrières de marbre, de porphyre, de granit, de grès, de calcaire ou pierre à chaux, d'ardoise, etc

*D.* Qu'appelle-t-on *mines?*

*R.* Les mines sont des espèces de carrières souterraines, d'où l'on extrait les métaux et d'autres substances que renferment les entrailles de la terre.

*D.* Qu'est-ce que les *métaux ?*

*R.* Ce sont des corps plus ou moins durs, fusibles au feu où ils prennent un éclat particulier: ils sont susceptibles d'être forgés et travaillés à l'aide du marteau.

*D.* Quels sont les métaux?

*R.* Il y en a un grand nombre. Les plus connus sont:  le fer, le plomb, le cuivre, l'étain, le zinc, l'argent et l'or.

*D.* Quel est le métal le plus utile?

*R.* Le fer est le plus utile et aussi le plus commun des métaux. Il se trouve dans tous les pays, non pas à l'état pur, mais allié à diverses substances dont on le sépare, en jetant ce minerai en fonte dans des *hauts-fourneaux.* Le fer en sort liquide et s'écoule dans des moules de sable destinés à produire des objets de toute espèce de forme : des vases, des marmites, des chaudières, des plaques et des chenets de cheminée, des fers à repasser, etc.

*D.* Qu'est-ce que l'*acier ?*

*R.* L'acier n'est autre chose que du fer raffiné

on perfectionné par le mélange du charbon pur ou *carbon*, et par une opération particulière qu'on appelle la trempe. Elle consiste à plonger subitement le fer rougi au feu, dans un bain d'huile ou d'eau froide. L'acier reçoit un plus brillant poli que le fer ordinaire. On en fait des couteaux, des ciseaux, des rasoirs, des aiguilles, des armes, des bijoux, des parures, etc.

*D.* Qu'est ce que le *fer-blanc* ?

*R.* C'est du fer réduit en feuilles minces, recouvertes d'une couche d'étain qui le préserve pendant quelque temps de la rouille, et le rend propre à une foule d'usages domestiques.

*D.* Qu'est-ce que le *plomb* ?

*R.* C'est le plus vil des métaux. Il est d'un gris bleuâtre; mou, très-flexible, il se fond au feu, à une chaleur modérée, mais n'y rougit pas. On en fait des réservoirs, des tuyaux, des conduits pour les eaux, des gouttières, des poids pour les balances, etc.

*D.* Qu'est-ce que le *cuivre* ?

*R.* C'est un métal d'une couleur rougeâtre, extrèmement sonore, brillant et susceptible d'un beau poli. Il sert à faire des pièces de basse monnaie. On l'emploie aussi pour faire des poêlons, des casseroles, des chaudières, mais l'usage de ces ustensiles serait très-dangereux, si l'on n'avait la précaution de les doubler d'étain, en dedans, c'est ce que l'on appelle *étamer* le cuivre.

*D.* Qu'est-ce que l'*étain* ?

*R.* C'est un métal blanc, plus mou que l'argent, mais plus dur que le plomb. Il sert à faire des bassins, des écuelles, des cuillières, des assiettes, etc.

*D.* Qu'est-ce que le *zinc* ?

*R.* Le zinc est un métal d'un gris bleuâtre, qui ressemble beaucoup à l'étain terni. Plus dur que ce dernier, il se fond aussi plus aisément que le cuivre. Comme il se travaille avec facilité, son usage est devenu très-commun depuis quelques années ; dans beaucoup de cas, il remplace avec avantage l'étain et le plomb.

*D.* Qu'est-ce que l'*argent* ?

*R.* C'est un métal très blanc, très-brillant, très sonore. Il sert à faire des pièces de monnaie, de la vaisselle, des vases, des couverts de table, des bijoux, etc.

*D.* Qu'est-ce que le *vermeil* ?

*R.* C'est l'argent recouvert d'une feuille d'or.

*D.* Quel est le plus précieux de tous les métaux ?

*R.* C'est l'*or* : métal d'un jaune foncé, très-pesant, très-brillant. Il est employé pour des objets de luxe, des bijoux, des pièces de monnaie. etc.

*D.* Quelles sont les pièces de monnaie d'or?

*R.* Les pièces de *cinq francs*, de *dix francs*, de *vingt francs*, de *quarante francs* et de *cent francs*.

*D.* Quelles sont les pièces d'argent?

*R.* Les pièces de *vingt centimes* ou cinquième de franc; la pièce de *cinquante centimes* ou demi-franc; *le franc*; la pièce de *deux francs* et la pièce de *cinq francs*.

*D.* Outre les métaux simples, n'y a-t-il pas des métaux composés par le mélange de diverses substances métalliques ?

*R.* Oui, il y en a plusieurs dont les plus usités sont le *bronze* ou *l'airain* et le *laiton*.

*D.* Qu'est ce que le *bronze* ?

*R.* Le bronze est un alliage de cuivre et d'étain. Il sert à faire des cloches, des canons, des statues, et toute espèce d'objets d'art.

*D.* Qu'est-ce que le *laiton* ?

*R.* Le laiton, autrement dit *cuivre jaune*, est un alliage de cuivre et de zinc dont les usages sont très-nombreux.

*D.* À quel autre alliage sert l'étain?

*R.* L'étain, mélangé avec un autre métal qu'on appelle *mercure* ou *vif-argent*, forme un alliage particulier dont on se sert pour faire les *glaces* et les *miroirs*.

*D.* Outre les métaux dont nous venons de parler, n'y a-t-il pas des mines de différentes natures ?

*R* Oui : les entrailles de la terre renferment des mines d'une grande variété de produits ; ainsi, des mines de pierres précieuses, de houille ou charbon de pierre, de sel gemme, de cristal, etc.

*D.* Dites-nous les noms et les couleurs des principales pierres précieuses ?

*R.* 1° Le *diamant* qui est sans couleur, mais très-transparent ; on le taille à facettes pour rendre son éclat plus scintillant ; 2° le *rubis*, dont la couleur est rouge ; 3° le *saphir*, qui est d'un bleu céleste ; 4° la *topaze*, qui est d'un jaune d'or ; 5° l'*émeraude*, qui est verte : 6° la *chrysolithe*, qui est d'un vert mêlé de jaune ; 7° l'*améthyste*, qui est d'un violet pourpré ; 8° le *grenat*, qui est d'un rouge foncé, etc.

*D.* Les pierres précieuses, lorsqu'on les tire de la mine, sont-elles brillantes et polies comme nous les voyons ?

*R.* Non ; elles ont une enveloppe grossière, et il faut autant d'art que de patience pour les travailler et les polir.

*D.* Qu'est-ce que la *houille* ou charbon de pierre ?

*R.* Ce sont d'immenses forêts englouties dans lese ntrailles de la terre où elles se sont carbonisées. La Providence qui prévoit tous nos besoins, avait mis sans doute en réserve cet amas précieux de combustible, pour le moment où le déboisement progressif des forêts aurait rendu rare et cher le bois de chauffage.

*D.* La houille ne sert-elle que pour les usages domestiques ?

*R.* Elle est d'un emploi bien autrement important, indispensable même, dans l'industrie, pour le chauffage des chaudières à vapeur, pour les hauts-fourneaux où se fait la fonte des métaux ; pour les locomotives des chemins de fer, pour les navires à vapeurs, etc. On s'en sert aussi pour produire cette belle et brillante lumière qu'on appelle *gaz*, qui est employée pour l'éclairage des villes et des établissements, ou publics ou particuliers.

*D.* Que dites-vous des mines de sel ?

*R.* Il y en a de différentes sortes qu'il est inutile de rappeler en détail. Nous ne parlerons que du sel commun. En quelques endroits, le sel de ces mines est si dur, qu'on peut le tailler comme le marbre, et en faire des statues. Ce qu'il y a de singulier, c'est que le feu fait fondre ce sel plus promptement que l'eau.

*D.* Le sel ne nous vient-il que des mines ?

*R.* Il nous vient encore plus communément de l'eau de mer, qu'on fait entrer dans des bassins peu profonds, où elle se mélange avec une certaine quantité d'eau douce; on laisse ensuite évaporer ce mélange au soleil. Quand l'eau est toute évaporée, le sel reste en croûte dans ces bassins qu'on appelle *salines*.

FIN.

# TABLE DES MATIÈRES



—

## CHAPITRE I.



## CHAPITRE II.

## CHAPITRE III.

www.ingramcontent.com/pod-product-compliance
Ingram Content Group UK Ltd.
Pitfield, Milton Keynes, MK11 3LW, UK
UKHW020946120726
13693UKWH00004B/1558